子どもが一気に集中する！

授業スイッチ 101

山中伸之 著

学陽書房

はじめに

　以前担任していた子で、なかなか勉強に集中できない子がいました。
　ある日、その子が紙に「ボタンスイッチ」のイラストを描き、それをセロテープで胸に貼り付け、こう言いました。
　「先生、このボタンを押して。このボタンを押すと、ぼくのやる気のスイッチが入るんだ」
　私は、言われるがままに、そのイラストのボタンを「ポチッ」と押してみました。すると彼は、猛然とドリルをやり始めたのです。
　素晴らしいスイッチでした。
　惜しむらくは、このスイッチの配線はすぐ切れてしまうのでした。

　さて、毎日の授業でも、このようなスイッチがあったら便利だろうな、と思う場面がたくさんあるのではないでしょうか。
　実は、ベテランの先生は、このような「授業スイッチ」をいくつも持っています。そして、その場、その時、その子に応じて、一番有効な「授業スイッチ」を押しているのです。
　ベテランの先生の授業が自在に進むのは、このようなスイッチの存在も理由の１つでしょう。

　そんな「授業スイッチ」を皆さんも押してみたいと思いませんか。
　押してみたいですよね。
　そこで本書では、授業の中の様々な場面で使える「授業スイッチ」をたくさん集めてみました。
　いろんな「授業スイッチ」を押して、授業を楽しみながら、子どもたちの意欲や集中力を高めてください。
　たくさんの「授業スイッチ」の中に、先生にぴったり合い、子どもたちにぴったり合い、学級にぴったり合うスイッチが必ずあります。

　本書が、子どもたちのために真摯に授業と向き合う先生方に、多くの喜びをもたらすことを願っています。

2019年３月　山中伸之

もくじ

1章　授業スイッチのルール

1. 先生自身のスイッチを入れる ……………………… 10
2. 説明は簡潔に ………………………………………… 11
3. あらゆる向き不向きがある ………………………… 12
4. スイッチ無用を目指そう …………………………… 13

2章　子どもの心を一気につかむ！ 集中スイッチ

LEVEL 1　どんなクラスでも必ずこっちを向く！

1. 子どもがびっくり前を向く！　「あっ」と指さし ……………… 16
2. 子どもが自らスイッチを押す！　集中サイン ………………… 17
3. 先生の一挙一動に注目する！　先生後出しじゃんけん ……… 18
4. どの子もドキドキ息をのむ！　おみくじ指名 ………………… 19
5. どの子もジッと考え出す！　ジェスチャー指示 ……………… 20
6. パッと姿勢が直る！　手ばたき何回？ ………………………… 21
7. 耳を澄ませば心も澄む！　ささやき指示 ……………………… 22
8. 印象づけにも最適！　大きすぎる字の板書 …………………… 23
9. 次の言葉まで緊張する！　突然沈黙 …………………………… 24
10. 気持ちがシャキッとONになる！　背筋ピン ………………… 25

LEVEL 2　騒がしいクラスがパッと授業モードになる！

11. 楽しく頭がスッキリ！　高速音読 ……………………………… 26
12. 眠たくても集中できる！　目玉に力を入れてみよう ………… 27
13. なぞなぞみたいに熱中する！　写真の中には何がある？ …… 28
14. たちまち集中に火が付く！　チラ見せクイズ ………………… 29
15. 黙々とした集中を引き出す！　数字聞き書き取り …………… 30

LEVEL 3 子どもが真剣に授業に入り込む！

16 自然に考える気持ちになる！　役割読み ……………………… 31
17 どんな授業でも必ず入り込む！　まちがい探し ……………… 32
18 授業から目を離せなくなる！　見せて隠して ………………… 33
19 子どもが先生の方を向く！　先生ナビ ………………………… 34
20 授業の頭からオチまで集中させる！　隠しキーワード ……… 35

3章 子どもがドンドン前向きになる！ がんばるスイッチ

LEVEL 1 子どもが楽しく&嬉しくなる！

1 あっという間に今日の主役！　登場人物クラスメイト ……… 38
2 思わずみんながツッコみ笑う！　大げさな数字 ……………… 39
3 突然始めても一気に白熱する！　班競争 ……………………… 40
4 気分をノらせる万能ゲーム！　○○ビンゴ …………………… 41
5 気分転換とワクワクを同時に！　青空授業 …………………… 42
6 必ずモチベーションアップ！　プチ席替え …………………… 43
7 ささやかでもすごく喜ぶ！　スモールプレゼント …………… 44
8 どの子もパッと夢中になる！　クイズ発問 …………………… 45
9 達成感の土台をつくる！　マイ目標づくり …………………… 46
10 笑えば自然とやる気アップ！　ジョークリラックス ………… 47

LEVEL 2 冷めたクラスも燃えてくる！

11 やる気が出る暗示をかける！　先生のおまじない …………… 48
12 なんでも即席ゲームになる！　タイムチャレンジ …………… 49
13 授業の後半まで燃え続ける！　○○勝負 ……………………… 50
14 できる子もできない子も前向き！　レベルアタック ………… 51
15 子どもの負けん気を刺激する！　「できる？無理？」 ……… 52

LEVEL 3 子どもの向上心をガッと引き出す！

16 あるだけで引き締まる！　何度でもチャレンジノート ……… 53
17 達成感がグングン増す！　いろいろ暗唱 ……………………… 54

18	やる気をなくしてしまったら！	「選択」させる	55
19	ちょっとだけ背伸びをしよう！	無理目標	56
20	一人ひとりのペースで確実にアップ！	ＶＳ自分	57

4章 子どもがピタッと静かになる！ 落ち着くスイッチ

LEVEL 1 どんな子も思わず口を閉じる！

1	サッと静かになる習慣！	チャイムベル	60
2	お口チャックの魔法の合図！	「お話をします」	61
3	動きがピタッと止まる！	黒板ネーム	62
4	目が落ち着けば口も落ち着く！	目をつぶる	63
5	一度やると効果が続く！	何秒で静かになるかゲーム	64
6	姿勢がパッと整って落ち着く！	手を上・肩・ひざ	65
7	子どもから「シーッ」を引き出す！	スモールリスニング	66
8	先生がいなくても！	読書・黙読	67
9	自分の状況に気付かせる！	先生カウント	68
10	ルール化すれば一瞬でピタリ！	やめる合図	69

LEVEL 2 子どもがリラックスして静かになる！

11	ためになってしっとり落ち着く！	3分間鑑賞	70
12	楽しく仲良くリラックス！	手遊びうた	71
13	頭も心もスッキリする！	おやすみタイム	72
14	自然と神妙な気持ちになる！	黙立集中	73
15	たった3秒でシンとする！	呼吸を数えて1・2・3	74

LEVEL 3 子どもがサッと授業の姿勢になる！

16	なんとなく気持ちが締まる！	ぱんぱかぱんぱん！	75
17	スッと興奮の波が引く！	読み聞かせ	76
18	サッと心拍が落ち着く！	即素読	77
19	自然と見入る・聞き入る！	いきなりテレビ	78
20	興奮が収まる3テンポ！	見ざる・言わざる・動かざる	79

5章 子どもが学ぶ準備運動をする！ 活動スイッチ

書く活動 作文基礎力がグングン上がる！

1 聞いたことを書き取る準備運動！　しりとりメモ ……………… 82
2 長い文章もサクサク書ける！　スピード計測 ………………… 83
3 言葉をたくさん出す練習！　詳し書き ………………………… 84
4 文章を組み立てる練習！　長文書き …………………………… 85
5 読み手を考える練習！　おもしろ書き ………………………… 86

読む活動 文章への集中力がメキメキ上がる！

1 ゲーム感覚で読む姿勢をつくる！　間違い文探し ……………… 87
2 考えながら読む練習！　書かれていないものクイズ …………… 88
3 言葉がドンドン出てくる！　キーワードビンゴ ………………… 89
4 文章を補って読み進める！　穴埋めクイズ ……………………… 90
5 書く・話す・聞くとも連動できる！　相互読みクイズ ………… 91

話す活動 対話力がガンガン上がる！

1 滑舌が良くなると口が開く！　お口の体操 ……………………… 92
2 まずは声の大きさが大事！　発声練習 …………………………… 93
3 やる気も出て楽しくなる！　声届けゲーム ……………………… 94
4 聞き合い・話し合いで授業に入り込む！　群読２人読み ……… 95
5 授業に一体感が出る！　群読グループ読み ……………………… 96

聞く活動 聞き取る力がドンドン上がる！

1 予告なく始めると効果大！「何て言った？」クイズ …………… 97
2 楽しく真剣に耳が集中！　同時話 ………………………………… 98
3 耳で覚える練習！　聞き書き取り ………………………………… 99
4 脳みそが動く！　逆さ書き取り …………………………………… 100
5 仲良く授業が始まる！　なかとり ………………………………… 101

6章 雰囲気がパッと切り替わる！ 授業途中スイッチ

LEVEL 1　どんな気分もスッキリする！

1. ずっと使える定番グッズ！　**フラッシュカード1** ……………… 104
2. 特にテキパキさせたいときに！　**フラッシュカード2** ……………… 105
3. 興味や集中を引きたいとき！　**フラッシュカード3** ……………… 106
4. 目を動かして頭の体操！　**フラッシュカード4** ……………… 107
5. アイデア次第でいくらでも！　**フラッシュカード5** ……………… 108
6. 教室をまたいで気分の入れ替え！　**隣の先生チェンジ** ……………… 109
7. 頭がスッキリする！　**穴あきしりとり** ……………… 110
8. 空気の入れ換えは笑い声で！　**見つめ合いあっぷっぷ** ……………… 111
9. おもしろい話はみんな大好き！　**笑い話・怪談** ……………… 112
10. 子どもがつられて笑い出す！　**ピエロ先生** ……………… 113

LEVEL 2　疲れた子どもの頭をほぐす！

11. 体が動くと心も動く！　**指の体操** ……………… 114
12. 指先に集中すると疲れもほぐれる！　**指あそび** ……………… 115
13. 些細な変化で切り替わる！　**縦を横に、横を縦に** ……………… 116
14. クラスの誰もが大注目！　**子ども先生** ……………… 117
15. 気持ちが切り替わる！　**脳トレパズル** ……………… 118

LEVEL 3　子どもがワクワク動き出す！

16. どの子もパッパと動き出す！　**準備・片付け選手権** ……………… 119
17. どんなタイミングでも一区切り！　**いっせーのーせで合言葉** ……………… 120
18. 一瞬で気分が切り替わる！　**後ろ向き勉強** ……………… 121
19. マンネリを感じたときに！　**消灯学習** ……………… 122
20. おもしろおかしく気分スッキリ！　**ワイワイ群読** ……………… 123
21. 発言意欲を高めたいときに！　**インタビュー発言** ……………… 124

1章 授業スイッチのルール

1 先生自身の スイッチを入れる

　「楽しい授業」とは何だろう。楽しい教材？　子どもが意欲的になる学習活動？　思考を刺激する発問？　もちろんそれらも要因の1つだ。
　だが、授業が楽しくなる最も大きな要因は、**先生自身が授業を楽しむこと**。先生が授業に楽しく取り組めば、子どもは自然と授業が楽しくなる。それほど、教室における先生の言動や雰囲気というのは重要だ。
　ここで紹介する授業スイッチにも同様のことが言える。それぞれのスイッチを入れる前に、先生自身のスイッチを、まず入れてほしい。
　先生自身のスイッチが入っていないと、それぞれのスイッチの効果は半減する。例えば「『あっ』と指さし」(P.16)では、先生が授業中に突然、空中の一点を指さす。言うなれば一人芝居だ。このとき、一人芝居は恥ずかしいといって、照れて指をさしたのでは、子どももノってこない。先生が力一杯の一人芝居で一点を指さすから子どももそれにノってくる。
　まず、**先生自身がスイッチを入れ、一人芝居を本気になってやろうという覚悟を決めること**が、何よりも大事なポイントになる。

2 説明は簡潔に

　授業スイッチの中には、**全く説明のいらないもの、かえって説明をしない方がスイッチの役割を果たしやすいもの**がある。

　例えば、「突然沈黙」（P.24）。軽快に話していた先生が突然沈黙してしまうから、子どもは「おやっ」と思う。それがねらいだ。「先生が突然話すのをやめるから、気付いたらこっちを見るんだよ」などと説明したらいかにも間抜け。**後にも先にも説明をしない**からスイッチになる。

　ところが、**どうしても説明しておかなければならないものもある**。例えば「見せて隠して」（P.33）。「後でこの写真について質問します。よく見て覚えてください」と説明しないと、スイッチにならない。**後で答えられるよう真剣に見ておこう、となるからスイッチになる**。

　しかし説明が長いと、それだけで集中力がそがれる。「後で、この写真に何が写っていたかとか何人いたかとかと質問します。そのときに答えられるようによく見て覚えてください。答えてもらうときには隠して見えないようにしてしまいますから……」などとやっていてはダメ。

1章　授業スイッチのルール

3 あらゆる向き不向きがある

　授業スイッチには、向き不向きがある。
　まず、**先生にとっての向き不向き**だ。先生の中にも、このスイッチを入れやすい人、入れにくい人どちらもいる。先生自身がスイッチを入れるのは大事だが、入れやすいものと入れにくいものがあるのは仕方がない。入れやすいスイッチを入れた方がパフォーマンスが上がる。
　次に、**子どもにとっての向き不向き**だ。子ども一人ひとりについても、「音や動きがあるスイッチは入りやすい」という子もいれば「音や動きがあるスイッチは苦手」という子もいるだろう。だから、どのスイッチが自分のクラスの子どもにとって、最も入りやすいスイッチかを見つけることも必要になる。逆に言うと、子どもによってはスイッチが入らないこともある。これはぜひ頭に入れておきたい。
　さらに、**時間と場所の向き不向き**である。同じ子ども、同じスイッチでも、午前と午後、教科、その日の天気や休日明けかによって向き不向きは変わる。いつでもどこでも同じようにスイッチは作動しない。

4 スイッチ無用を目指そう

どちらも最終的には必要なくなる

　授業スイッチは**授業の効率を高めるため**にある。授業の目的は学力の向上だから、授業スイッチは学力の向上のためでもある。もっとも、そんな大それたことは考えずに、楽しく使ってもらえればそれが一番よい。
　ただ、**授業スイッチに頼りすぎてしまわない**こと。本来は、学習訓練を通して学習習慣が身に付くことが理想だからだ。そういう学級なら、ほんの息抜き程度にスイッチを用いればよく、多用する必要はない。
　よく、病院は病院をなくすためにあるという。病院は病気の人を治し、再発を防ぐ施設だから、だんだん病気の人が減り、やがて病院が必要ではなくなる。授業スイッチも病院と同じだ。授業スイッチを用い、子どもが先生に注目し、学習活動に集中し、授業に楽しく取り組み、授業にのめり込む。子どもがそうなれば、もはやどんなスイッチも必要ない。
　だから授業スイッチを活用すると同時に、**子どもに学習習慣を身に付けさせること**も必要だ。適切な学習習慣が形成されれば、授業スイッチもまた違う目的で、楽しく有意義に用いることができるだろう。

1章　授業スイッチのルール　13

2章

子どもの心を一気につかむ！

集中スイッチ

LEVEL 1

1 子どもがびっくり前を向く！「あっ」と指さし

対象学年 1年〜6年　**ねらい** 瞬間的に集中させる
所要時間 5秒　**用意するもの** なし

やり方

1. 子どもの注意力が散漫かどうか見極め、そう判断したら実行。
2. 突然、教室の一角を指さし、大きな声で「あっ」と叫ぶ。視線も指さした方に向け、あたかもそこに何かを発見したような演技をする。
3. そのままの姿勢で5秒間フリーズ。
4. 子どもが指さす方を見たら「はい、こっちを向いてください」と明るく言い、「素早く集中できてすごかったね」とほめる。
5. 余計なことは言わずに、授業を続ける。

POINT

何度もやるとオオカミ少年になるので、子どもが忘れた頃にやると効果的。本当にそこに何か怪しげなものを見たという臨場感抜群の演技で。

LEVEL 1 - 2 子どもが自らスイッチを押す！
集中サイン

対象学年 1年〜6年　**ねらい** ジェスチャーと言葉で集中の習慣を身に付けさせる
所要時間 5秒　**用意するもの** なし

どんなクラスでも必ずこっちを向く！

やり方

❶ あらかじめ「話や作業をやめて教師の方を向く」ためのジェスチャーを決めておく。難しいポーズや笑いを誘うものだとかえって集中を妨げるので、こぶしを握って「グー」など簡単なものがよい。

❷ 集中させたい場面がきたら、こぶしを握って子どもに示し、「グーだぞ！」と声をかけ、真剣味のある表情をする。

❸ 子どもが集中するまで、グーを出したまま数秒間フリーズ。

❹ 子どもが集中しているのを確認したら、グーにこめた力を徐々に解き放ち、説明に入る。

POINT

前ページの「『あっ』と指さし」とちがって、集中することを子どもに始めから意識させて行わせる。

LEVEL 1
3 先生の一挙一動に注目する！
先生後出しじゃんけん

- **対象学年** 1年～6年
- **ねらい** 頭を使わせて集中させる
- **所要時間** 10秒～30秒
- **用意するもの** なし

やり方

❶ 「後出しじゃんけんをします」と大きな声で宣言する。

❷ 次のかけ声（条件）を先生がランダムに選択して声を出す。
　①後出しじゃんけん、あいこで勝ちよ、じゃんけんぽん（ぽん）
　②後出しじゃんけん、勝ったら勝ちよ、じゃんけんぽん（ぽん）
　③後出しじゃんけん、負けたら勝ちよ、じゃんけんぽん（ぽん）
　※「じゃんけんぽん」は先生と子どもで言い、最初の「ぽん」で先生が、それを見た後の「ぽん」で子どもがグーチョキパーを出す。

POINT

2、3回組み合わせてやると難易度が上がる。特に勝ち負けにこだわらずに行うが、3連続勝ちをめざして取り組ませると盛り上がる。

LEVEL 1

4 どの子もドキドキ息をのむ！ おみくじ指名

対象学年 1年〜6年　**ねらい** 何が出るか、期待感で集中させる
所要時間 15秒　**用意するもの** 手作りみくじ筒

やり方

❶ みくじ筒を手作りする。
　（材　料）円筒形の菓子の空き箱、割り箸（子どもの人数の半分）
　（作り方）①菓子の空き箱のフタ部分に小さい穴を開ける。
　　　　　　②割り箸を割り、1本ずつ番号を1から書く。
　　　　　　③割り箸を空き箱に入れ、フタをセロハンテープでとめる。
❷ 授業で黒板に答えを書いてもらうときなどに筒から割り箸を1本引き、その番号の子を指名する。ランダムなグルーピングにも使える。

POINT

割り箸に書くのは番号以外でもよく、使い方は多様。子どもの遊び道具になるので壊されないよう注意し、時々全員分あるか点検する。

LEVEL1 ⑤ どの子もジッと考え出す！ジェスチャー指示

対象学年 1年〜6年　**ねらい** 動作とクイズ的要素で注目させる
所要時間 10秒〜30秒　**用意するもの** なし

やり方

❶ 特に何も予告せずに始める。例えば「板書を写す」指示なら、無言で黒板を指さしてからノートに書くジェスチャーをする。

❷ 1回で子どもが理解していないようなら、2、3度繰り返す。

❸ 子どもの中から「黒板を？」「写す？」というつぶやきがあるので、その都度つぶやいた子を指さし、大きくうなずくと、指示内容が共有される。

❹ どうしても意図が通じないときは、短く話したり板書したりする。

POINT

子どもが指示内容と関係ないことをつぶやくが、反応しない。言葉にせず指示を「ん」だけで発音し、ヒントにしてもおもしろい。

LEVEL 1

⑥ パッと姿勢が直る！ 手ばたき何回？

対象学年 1年～3年　**ねらい** 音に注意させて集中させる
所要時間 20秒～30秒　**用意するもの** なし

LEVEL 1　どんなクラスでも必ずこっちを向く！

やり方

❶ 「手ばたき何回したでしょう」と言って始める。
❷ 1回目は同じリズムで6、7回たたく。
❸ 2回目は同じリズムで素早く6、7回たたく。
❹ 3回目はゆっくり始め、途中で素早くしたり、またゆっくりに戻ったりしながら、10回前後たたく。
❺ 「小さい音でたたくからよく聞いて」と言って、小さい音で素早くたたいたり、途中で素早くしたり空振りを入れたりアレンジできる。

POINT

子どもが大声を出してかえって集中が切れるような場合は、指の数で黙って示すようにさせる。慣れてきたらいきなり難易度の高いものをやる。

LEVEL 1
7 耳を澄ませば心も澄む！ ささやき指示

対象学年 3年～6年　**ねらい** 注意深く聞かせることで注目させる
所要時間 20秒　**用意するもの** なし

やり方

❶ 普通の話し声から、だんだん小さい声にして、最後は口パクで指示。

❷ 子どもから「聞こえません」と声が上がったら、「もう一度言うからよく聞いていてね」と言い、同じようにだんだんと小さい声にしていく。ただし、今度は、最後まで聞こえる程度の声で話す。

❸ 「ささやき指示」を出したら、子どもに何と言っていたか確認し、改めて通常の声量で指示を出す。

❹ 慣れたら、「ささやき指示を出すよ」と言って、小さい声で指示。

POINT

後ろの方だと本当に聞こえなかった子がいるかもしれないので、改めて通常の声量で指示を出す。学級に難聴の子がいる場合にはやらない。

LEVEL 1
8 印象づけにも最適！大きすぎる字の板書

対象学年 1年～6年　**ねらい** 見せ方を変えて注意を引く
所要時間 10秒～30秒　**用意するもの** 黒板、チョーク

LEVEL 1　どんなクラスでも必ずこっちを向く！

やり方

❶ 授業中、板書するタイミングで行う。
❷ 「これ大事だから、少し大きく書いておこう」などと言って、かなり大きめに板書する。
❸ 子どもはおもしろがって声を上げるが、知らぬ顔をして最後まで大きい文字を書ききる。
❹ 書いてから、板書を眺め「やっぱり、ちょっと大きすぎたかな」と言って、適切な大きさに書き直す。

POINT

子どもによってはノートに大きな文字を書いて喜んでいる場合があるので注意。時々チョークの側面を使って太い文字を書くと変化があってよい。

LEVEL 1
9 次の言葉まで緊張する！
突然沈黙

対象学年 3年〜6年　**ねらい** 疑問を持たせて注目させる
所要時間 10秒　**用意するもの** なし

やり方

① 普通に話している途中で、突然沈黙する。体も動かさない。視線は1点を固定して動かさない。
② 子どもが何事かと思ってこちらを見るが、まだ黙っている。
③ ほぼ全員が、こちらに注目しているのを確認して、続きを話し始める。
④ 念のため、途中で沈黙した箇所の説明は、もう一度始めから繰り返す。

POINT

黙ると同時にフリーズするのがポイント。大げさな動作をする必要はないが、黙ったまま、表情や視線を動かさないようにする。

LEVEL 1 ⑩ 気持ちがシャキッとONになる！ 背筋ピン

対象学年 1年〜6年　**ねらい** 姿勢を正させて集中させる
所要時間 30秒　**用意するもの** なし

LEVEL 1 どんなクラスでも必ずこっちを向く！

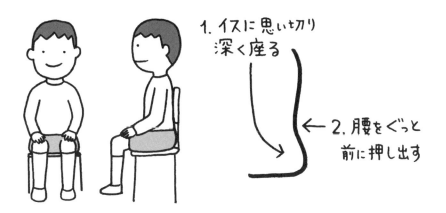

やり方

❶ 立腰（りつよう）の姿勢を教える。
　(1) お尻を背もたれまで引いて、イスに思い切り深く座る。
　(2) その姿勢で、腰をぐっと前に押し出す。
　(3) 背筋を伸ばし、あごを引いて、まっすぐ前を見る。
❷ 腰の感覚を覚えたら、立った姿勢でもできるよう練習する。
❸ 姿勢が崩れ、集中力がなくなってきたと思ったら「立腰！」と声をかけ、この姿勢をとらせる。毎日2、3回やると忘れずにできる。

POINT

低学年はよい姿勢をするくらいで◯。腰が痛くなったら無理に続けさせない。瞬間的に姿勢を正させ、各自ができるだけ長く続けるようにする。

LEVEL 2
11 楽しく頭がスッキリ！ 高速音読

対象学年 2年〜6年　**ねらい** 音読を高速で行うことで集中力を高める
所要時間 30秒〜1分　**用意するもの** 教科書

やり方

1. 教科書の一節を音読する。
2. 「もう少し速く読んでみよう」と声をかけ、教師が手本を示す。
3. 教師の音読のスピードに合わせて、子どもが一斉に音読する。音読の声が揃わずバラバラになってしまったら、やり直しさせる。
4. ❷〜❸を繰り返し、さらに少しスピードを上げた音読を示す。
5. これを、限界まで繰り返していく。
6. 慣れてきたら「高速音読をします」で始める。

POINT

分量は5〜6行から始める。慣れたら増やしてよい。列や班ごとにスピードを競っても面白いが、時間をかけすぎないよう気を付ける。

LEVEL 2
12 眠たくても集中できる！目玉に力を入れてみよう

対象学年 3年〜6年　**ねらい** 眠気を払い、一点に集中させる
所要時間 5秒　**用意するもの** なし

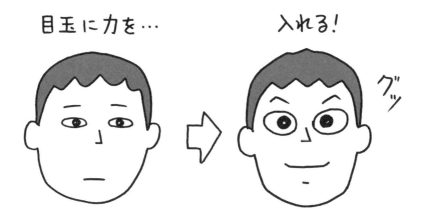

やり方
① 「目玉に力を入れてここを見る」と言って、手のひらを見せる。
② 子どもが、目玉に力を入れて、手のひらをじっと見る。
③ そのまま数秒間、注視させる。
④ 「はい、やめ」と言って終了する。
⑤ 上記を何回か繰り返して、練習をする。
⑥ 慣れたら「目玉に力を入れる」と指示し、目玉に力を入れさせる。
⑦ 先生も目玉に力を入れて、子どもを見る。

POINT
実は、目玉に力は入らない。ただし目玉に力を入れようとすると、目が大きく見開かれ眠気を払える。向かい合うと噴き出してしまうので注意。

騒がしいクラスがパッと授業モードになる！

LEVEL 2 — 13

なぞなぞみたいに熱中する！
写真の中には何がある？

対象学年 1年〜6年　　**ねらい** 細部まで見たり、新視点を考えたりして熱中する
所要時間 5分〜10分　　**用意するもの** 教科書などの写真

やり方

❶ 大きめの写真を用意。教科書の写真なら、子どもが各自教科書を見ればよいので拡大しなくてよい。

❷ 「写真を見て気付いたことを10個以上書きなさい。時間は5分」と指示する。個数や時間は、難易度や熟練度に応じて調整する。

❸ 「どんなことでもいいから書きましょう」「こんなつまらないことではダメだ、と思ったことでいいのです」「なるべくたくさん書けた人が賢い人です」のような言葉をかけ、子どもを励ます。

❹ 時間になったら座席順に1つずつ発表させる。

POINT

「いろいろな方向から見てみよう」「見えない部分は想像しよう」「他のものと比べよう」の声かけもよい。最初の頃は書けなくても気にせずに。

LEVEL 2
14 たちまち集中に火が付く！ チラ見せクイズ

対象学年 1年～6年　**ねらい** 一瞬だけ見せることで、見ることに集中させる
所要時間 30秒　**用意するもの** 教科書や写真、図など見せる物

LEVEL 2 騒がしいクラスがパッと授業モードになる！

やり方

下記2例のような準備をし、実行後、覚えた内容を答えさせる。

(例1) ❶ ページに指をはさんだまま、教科書を閉じさせる。
❷「先生の合図で○ページの表を見て、1位から3位の県名を覚えます。先生の合図で教科書を閉じます」と指示。

(例2) ❶ 拡大した写真や図を子どもに見られないように準備する。
❷「一瞬だけある物を見せます。後で質問するので、よく覚えてください」と指示。一瞬だけ見せて隠す。

POINT

課題を言ってからと、言わずに見せる場合がある。最初は課題が分かる方が集中する。コツをつかんできたら、課題を言わずに見せてみる。

LEVEL 2
15 黙々とした集中を引き出す！
数字聞き書き取り

対象学年 1年〜6年　**ねらい** 数字を聞いて書くことで集中して聞かせる
所要時間 30秒〜1分　**用意するもの** 数字表

やり方

1. 読み上げる数字を書いた表を準備する。
2. 数字をランダムに読み上げ、子どもには聞いた数字をノートなどに書き取らせる。
3. 一定数読み上げたら、正確に聞き取れたかを確かめる。確かめの仕方も同様に、数字を読み上げて、子どもに〇を付けさせる。
4. 学年に応じて、読み上げる数や読み上げるスピード、読み上げる桁数を調整する。高学年では、桁数を多くする。

POINT

必ず誰でも書き取れる難易度から始める。最初から難易度が高いと、できない子のやる気が低下し本末転倒。ひらがなやアルファベットでも〇。

LEVEL 3
16 自然に考える気持ちになる！役割読み

(対象学年) 1年〜6年　(ねらい) いろいろな声音で音読し、集中して聞かせる
(所要時間) 1分　(用意するもの) 教科書など

やり方

❶ 学習部分を示したり、授業の振り返りをしたりする場面で、教科書を音読する際に行う。
❷ 先生が該当部分を音読するとき、いろいろな声音で読む。例えば「おばあさん」「赤ちゃん」「低音の人」「怖い人」「ねこ」など。
❸ 長い部分を音読する際には、途中で違う声音に変える。
❹ 問いと答え、話題提示部分と説明部分で声音を変えたり、インタビュー風の文章などを、その人になりきって読んだりする。

POINT

調子にノってやりすぎると、子どもがかえって落ち着かなくなるのでほどほどに。先生は照れずに、やるなら本気でなりきってやる。

LEVEL 3
17 どんな授業でも必ず入り込む！
まちがい探し

対象学年 3年～6年　**ねらい** 対象を注意深く観察する力を付ける
所要時間 5分～10分　**用意するもの** 写真など2枚以上

やり方

❶ 写真やイラストを2枚以上準備。例えば「縄文土器の写真と弥生土器の写真」「昭和時代の農業の写真と現代の農業の写真」「雪国の住居の写真と常夏の住居の写真」「ハチの写真とクモの写真」など。

❷ 「2枚の写真を比べて、どこが違うかをノートに書きましょう」と指示して、違いを書かせる。

❸ 高学年なら「どこに注目したかも書きましょう」と指示し、比べた観点も書かせる。例えば、「飾り」「形」「大きさ」「使い道」など。

POINT

書けない子も書きにくい課題もあるので結果に拘らず、独創的な発見を楽しむ。「タオルと手ぬぐい」など似ているものの違いを考えるのも◎。

LEVEL 3
18 授業から目が離せなくなる！
見せて隠して

対象学年 1年〜6年　**ねらい** 対象を注意深く見る能力を高める
所要時間 5分　**用意するもの** 観察させたい物や画像

やり方

❶ 例えば花びんなら、教卓の上に置き、子どもに「この花びんを1分間観察します。後で質問をしますのでよく見てください」と指示。
❷ 1分後、花びんを隠して、例えば「花びんの色は何色か？」「花びんに花は何本あったか？」「花びんには持つところが付いていたか？」「花びんのどこに付いていたか？」など質問する。
❸ 質問の答えは発表させず、各自の答えをノートなどに書かせる。
❹ その後花びんをもう1度見せ、子どもに自分で答え合わせをさせる。

POINT

小さい物は後ろの席から見づらいので、ある程度の大きさの物を見せる。1枚の絵や図でもよく、例えば教室のカレンダーの写真でもよい。

LEVEL 3
19 子どもが先生の方を向く！先生ナビ

対象学年 3年〜6年　**ねらい** 常に先生に体を向けさせ、話に集中させる
所要時間 2〜3分　**用意するもの** なし

やり方

1. 「話を聞くときには話し手の方を見る」と日頃から指導する。
2. 教卓の前で話し始め、話しながら教室の前の出入り口付近まで歩く。
3. 子どもは先生の方を見ているので、首をやや回して先生を目で追う。
4. 先生は話しながら教室の後ろの出入り口付近まで歩く。子どもは先生を見るために、イスにやや横座りとなる。
5. 先生は、話しながら教卓の前に戻る。子どもの姿勢も元に戻る。

POINT

ゆっくりと移動する。ときには教室内をぐるっと1周してもよい。先生も子どもを見ていると、注目していない子がすぐに分かる。

LEVEL 3 20 授業の頭からオチまで集中させる！
隠しキーワード

対象学年 3年～6年　**ねらい** キーワードを隠して考えさせる
所要時間 1分　**用意するもの** 黒板

やり方

❶ 前の時間のふりかえりや既習事項を板書し、子どもに写させる。
❷ 板書を写させた後で、板書に書かれたキーワードを消し、その部分に ☐ を書いておく。
❸ ☐ 部分にキーワードを入れて板書を一斉に音読させる。このとき、分からない子は自分のノートを見て音読させる。
❹ 板書は ☐ のままにしておく。
❺ 授業の最後に、もう1度、板書を音読させる。

POINT

キーワードは復習も兼ね既習事項も○。写す前に消すと分からなくなる子も多いので注意。最後の音読では、ノートを見ずに読めるまで繰り返す。

3章

子どもがドンドン前向きになる！

がんばるスイッチ

LEVEL 1
1 ★ あっという間に今日の主役！
登場人物クラスメイト

- **対象学年** 1年～6年　**ねらい** 問題文を身近にして意欲を高める
- **所要時間** 30秒　**用意するもの** 問題文

やり方

1. 算数科や社会科の問題文を用意する。
2. 問題文に出てくる人物名をクラスの誰かの名前にしたり、問題文に出てくる物をクラスの備品に変えたりする。例えば、「一郎さんはビー玉が8個入っている袋を4つ持っています」という問題文の「一郎」をクラスの子の名前に変えたり、「ビー玉」を「クラスのボール」に変えたりする。このとき、何食わぬ顔で板書する。
3. 子どもから声が上がるが、無視して板書を続け、問題を解かせる。

POINT

それまで架空の問題だったものが、友だちや身近な物の問題に変わり、やる気を刺激する。悪いイメージを持たれる問題にしないよう注意。

LEVEL 1
② 思わずみんながツッコみ笑う！大げさな数字

対象学年 1年～6年　**ねらい** 問題文の数値などを大げさにして、意欲を高める
所要時間 30秒　**用意するもの** 問題文

やり方

❶ 算数科や社会科の問題文を用意する。

❷ 問題文の内容の一部を、子どもの想定の範囲を超えた極端な数値や状況に変える。例えば、「あきらさんは鉛筆を13本持っています。そのうちの5本を学校に持って行きました」という問題文を「あきらさんはゾウを13頭飼っています。そのうちの5頭を散歩に連れて行きました」に変える。このとき、何食わぬ顔で板書する。

❸ 子どもから声が上がるが、無視して板書を続け、問題を解かせる。

POINT

子どもは「あきらさんがゾウ13頭を連れ歩く絵」を想像し、楽しさとやる気がアップ。「長さ1mの鉛筆13本」など極端な数値でも楽しい。

LEVEL 1
3 突然始めても一気に白熱する！
班競争

対象学年 3年～6年　**ねらい** 班対抗で得点を競うことで意欲を高める
所要時間 5分　**用意するもの** 得点表

やり方

❶ いきなり、黒板の端や小黒板に上のイラストのような得点表を書く。

❷ 突然、返事の上手な子の名前を呼ぶ。よい返事を聞いたら、「返事が上手なのでプラス1点」と言い、表のその子の班に正の字の一画目を書く。

❸ 続いて、2人目の返事の上手な子の名前を呼ぶ。同様に、返事をほめてその子の班に画数を足していく。

❹ 生活態度や学習態度のよい班には、点数を与えることを伝えておく。

POINT

例えば挙手が少ないとき「班全員で挙手したらプラス1点」と宣言。全員が挙手できる簡単な問題を出して意欲付け。騒がしくなるなら中止。

LEVEL 1
4 気分をノらせる万能ゲーム！
◯◯ビンゴ

|対象学年| 3年〜6年　|ねらい| ビンゴゲームにして楽しく学習に取り組ませる
|所要時間| 5分　|用意するもの| ビンゴゲーム用紙

やり方

❶ 漢字なら例えば、朝の学習や宿題などで漢字の練習をさせておく。
❷ 3マス×3マスのビンゴ用紙を配付する。9個のマスに、その日に練習した漢字や熟語の中から9個選んで、適当な位置に書かせる。
❸ その日に練習した漢字の中から、先生が5個を選んで黒板に書く。
❹ 自分の用紙にあったら◯で囲み、縦・横・斜めが揃ったらビンゴ。
❺ 漢字以外でも楽しい。例えば、その時間の板書の中から、先生がキーワードを10個選び、子どもはそこから9個選んで書くなど。

POINT

盛り上がりすぎてうるさくなったらやめることを約束して行う。発表する言葉は5個以上でもよい。先生ではなく、日直が選んでも楽しい。

LEVEL 1 ⑤ 青空授業
気分転換とワクワクを同時に！

対象学年 3年～6年　**ねらい** 爽やかな季節に校庭で音読授業をして楽しい雰囲気
所要時間 45分　**用意するもの** 教科書

やり方

❶ 授業が始まったら、「今日の国語の授業は校庭で行います。教科書を持って、ジャングルジムのところに集まりましょう」と指示。

❷ 集まったら全員で教科書を音読。まず先生が読み、子どもが後を追って読む。次に子どもだけで一斉音読。続いてグループごとに音読。

❸ 読みに慣れたら、校庭の端から校舎に向かって大きな声で読む。うまくいくと、こだまが返る。

❹ 桜の季節なら、桜の木の下で読むのも○。それだけで思い出になる。

POINT

危険な場所、授業に差し障るほど大きな音がしたり集中が妨げられたりする物がある場所では×。限度を考え、子どもが浮かれすぎるなら中止。

LEVEL 1 ⑥ 必ずモチベーションアップ！ プチ席替え

対象学年 4年〜6年　**ねらい** 生活班の中だけで席替えをし、やる気アップ
所要時間 3分　**用意するもの** なし

やり方

❶ 「プチ席替えをしましょう」と指示。班の中だけで席替えをする。
❷ 子どもたちでどのような席順にするか、3分以内に決める。
❸ 全部の班の席が決まったら、同時に机を移動する。
❹ 新しい席に座ってみると、他の班のメンバーも替わっているので、より新鮮な気分になる。
❺ 毎週水曜日の朝や、毎週の道徳の時間の前と決め、週に1回程度席替えをしても楽しい。

POINT

黒板の見えにくさは先生がきちんとチェック。男子同士、女子同士になっても構わないが、隣同士が固定しないようにする。

LEVEL 1 ‑ 7 ささやかでもすごく喜ぶ！
スモールプレゼント

対象学年 1年〜6年　**ねらい** 思いがけない小さいプレゼントで喜ばせる
所要時間 10秒　**用意するもの** 小さいプレゼント

やり方

❶ 希望者を募って、昼休みなどにお手伝いをお願いする。

❷ 授業の前などに、手伝ってくれた子どもを集める。

❸ お礼の言葉を言ってから、「他の人には内緒だよ」とプレゼント。特に内緒にする必要はないが、このように言った方が子どもは喜ぶ。

❹ この時、「次の授業の時間もがんばってね」と声をかける。

❺ プレゼントは次のような手作りの物を、いくつか準備しておく。高価なプレゼントはしないよう気を付ける。

　①しおり：動物のかわいい写真や名言などをパウチした物
　②写真　：手伝っている姿の写真を写真用紙に印刷した物
　③シール：市販のシール
　④イラスト：イラストが得意なら、先生手書きのイラスト

LEVEL 1
8 どの子もパッと夢中になる！クイズ発問

対象学年 3年～6年　**ねらい** クイズ形式にして、ノリノリで答えさせる
所要時間 5分～10分　**用意するもの** 教科書など

やり方

❶ 授業が終わる5～10分前に、教科書を閉じさせる。
❷ その時間の学習内容をクイズにして出題する。
❸ 分かった子、あるいはグループで相談させて代表者が挙手し答える。
❹ 言葉で答えるクイズの他に、○×クイズや3択クイズなど、いろいろな形式で出題する。
❺ 班競争をしているなら、クイズに正解したらプラス1点などとしておいてもよい。

POINT

P.40のような班競争と組み合わせて得点制にした場合、挙手多数であれば、正解するまで班ごとに順番に指名する。

3章　子どもがドンドン前向きになる！　がんばるスイッチ

LEVEL 1 ⑨ 達成感の土台をつくる！マイ目標づくり

対象学年 4年～6年　**ねらい** 目標を持たせてモチベーションを上げる
所要時間 1分　**用意するもの** なし

やり方

❶ 授業のねらいを示し、一人ひとりにその時間の目標を決めさせる。
❷ 目標は、具体的に考えて立てられるよう基準をキーワードで示す。例えば「誰に」「どんな方法で」「どれくらいの時間で」を決めさせる。
❸ 各自の目標は「比例の式を考えて、○○さんに、図を描きながら、1分以内で理由を説明する」というようなものになる。
❹ 授業の振り返りの時間に、自分の立てた目標に沿って説明する。
❺ 説明を受けた子は、よく分かったか否かを相手に伝える。

POINT

説明の相手は前後左右など範囲を限定。「口頭で」「図で」「動作で」「問答で」など事前に説明の仕方を伝え、素早く目標を立てさせる。

LEVEL 1 10 笑えば自然とやる気アップ！ ジョークリラックス

対象学年 1年〜6年　**ねらい** ジョークで笑わせてやる気をアップさせる
所要時間 10秒〜30秒　**用意するもの** ジョークネタなど

やり方

❶ 軽く説明をしたり、雑談をしたりして、ジョークを言う雰囲気をそれとなくつくる。
❷ ジョークを言う。
❸ スベっても、「あれ？　またスベったか〜」などと言って、自虐ネタにする。
❹ ジョークではなく駄洒落でもいいし、おかしなダンスをして笑わせたりしてもよい。

POINT

先生が笑わせると、調子にノって収拾がつかなくなる子がいる場合は控えるか、十分に注意して行う。

LEVEL 2 11 やる気が出る暗示をかける！
先生のおまじない

対象学年 4年〜6年　**ねらい** 自己暗示をかけてやる気を出させる
所要時間 1〜2分　**用意するもの** なし

やり方

1. 何も言わずに前屈させ、指の位置を覚えさせる。
2. 「『今から腕を3回回すと、不思議と体が柔らかくなります』と言って、腕を3回回して前屈をします」と指示して実践させる。
3. 不思議と、最初より曲がる。
4. 思い込むとそうなることを自己暗示と言うと教える。
5. 「今から背伸びの運動を2回すると、不思議と勉強のやる気がアップします」と言わせてから、学習に取り組む。

POINT

「〜すると、不思議と〜になる」というフレーズに当てはめる。そうならなくて元々。なれば儲けもの。

LEVEL 2
12 なんでも即席ゲームになる！ タイムチャレンジ

対象学年 3年～6年　**ねらい** ゲーム感覚にしてチャレンジさせる
所要時間 1分～3分　**用意するもの** タイマー、ストップウォッチ

やり方

❶ 例えば「今から、計算問題タイムチャレンジ～。3分で何問まで解けるか挑戦だ～」と言って、3分計って計算ドリルに取り組ませる。

❷ または「今から、計算問題タイムチャレンジ～。10問で何秒かかるか挑戦だ～」と言って、時間を計って計算ドリルに取り組ませる。

❸ 先生は、10秒ごとに秒数を読み上げ、終わった子はその秒数を記録する。10問終わったら、さらに次の10問に挑戦する。このように問題をゲーム化する。

POINT

取り組む学習活動が苦手な子が、嫌な気分にならないよう配慮して行う。自分の記録を伸ばすという意識で取り組ませる。

LEVEL2 13 授業の後半まで燃え続ける！ ○○勝負

対象学年 3年〜6年　**ねらい** 意欲が継続して達成感も上がる
所要時間 30分〜40分　**用意するもの** なし

やり方

① 班全員またはクラス全体で、課題にどれだけチャレンジできるか勝負する。

② 例えば、「班全員で何回発言できるか」「学級全体で何回発言できるか」「俳句や短歌がいくつ作れるか」「計算ドリルが合計で何ページできるか」「百人一首を全員で何首覚えられるか」などをカウントする。

③ 記録は黒板の隅に書いたり、小黒板に書いたりして残しておき、次の機会にはその記録を超えることを目指す。

POINT

ひんぱんにできることではないので、月に1回、学期に1回と決めて、イベントのように取り組むとよい。

LEVEL 2
14 できる子もできない子も前向き！
レベルアタック

対象学年 1年〜6年　**ねらい** 達成レベルを示して挑戦意欲をかき立てる
所要時間 1分　**用意するもの** なし

やり方

❶ 国語の授業で、物語を読んで初発の感想を書く際などに行う。
❷ 4年生なら、黒板に黙って次のように書く。

　　　3行　・・・・・幼稚園レベル
　　　7行　・・・・・2年生レベル
　　　10行　・・・・5年生レベル
　　　20行　・・・・大学生レベル

❸ 各自に感想を書かせる。

POINT

学年に応じて書く。1年生なら「赤ちゃんレベル」から、6年生なら「大学生レベル」まで書くとおもしろい。

冷めたクラスも燃えてくる！

3章　子どもがドンドン前向きになる！　がんばるスイッチ

LEVEL 2 — 15 子どもの負けん気を刺激する！「できる？無理？」

対象学年 1年〜6年　**ねらい** ちょっとあおってやる気を出させる
所要時間 15秒　**用意するもの** なし

やり方

❶ 計算問題や調べ学習など、やや難しい作業や活動の前に行う。
❷ 「難しいけどできる？」と問う。
　「多分、できないだろうなあ。無理だろうなあ」とあおる。
　「できたらすごいよなあ」と望む。
　「これ、できたら天才だよ」と驚く。
❸ 作業や活動をさせる。
❹ 「できた？　いやあすごいなあ！」と大げさにほめる。

POINT

ただ単に言葉をかけているだけなので、なるべく大げさに感情を込めて話すことが最大のポイントになる。ほめるときも大げさに。

LEVEL 3
16 あるだけで引き締まる！
何度でもチャレンジノート

対象学年 3年〜6年　**ねらい** 何度でもチャレンジさせてやる気を継続させる
所要時間 5分〜10分　**用意するもの** ノート

やり方

❶ 「太一が巨大なクエを仕留めなかったのはなぜか？」などと発問し、考えをノートに書かせて、見せにこさせる。

❷ ノートを見て、大きな〇を付け、瞬時に5段階で評価する。

❸ 最もよい評価がもらえるまで、何度でもチャレンジしてよい。

❹ その都度、不備な点を簡単にアドバイスする。

❺ 自分の考えを消さないように指示しておき、チャレンジした回数も評価する。

POINT

「下手な鉄砲も数撃ちゃ当たる」のように、どんどん見せにくる子もいるが、そういう子も意欲を認めて受け入れる。

LEVEL 3
17 達成感がグングン増す！ いろいろ暗唱

対象学年 1年〜6年　**ねらい** 達成感を味わわせて意欲付ける
所要時間 10分　**用意するもの** 教科書など

やり方

1. 国語科の詩や短歌や俳句、算数科の公式、社会科の都道府県名、理科の実験器具の名称など、何でもよいので、子どもに暗唱させる。
2. 各自で暗唱できるまで練習する。
3. 先生のところで暗唱のテストをする。
4. 班ごとに速暗唱やリレー暗唱をして競う。
5. クラス全員で暗唱する。

POINT

速暗唱はスピードを上げて班全員で暗唱をすること。リレー暗唱は、暗唱部分をいくつかに分けて、リレーしてつないでいくこと。

LEVEL 3
18 やる気をなくしてしまったら!「選択」させる

(対象学年) 3年～6年　(ねらい) 自分のやりたいことを選択させてやる気アップ
(所要時間) 1～2分　(用意するもの) 選択肢

やり方

1. やる気を上げる方法の1つに、自分で選ばせる、自分で決めさせるというのがある。
2. 学習活動にいくつかの選択肢を用意し、子どもに選ばせる。
3. 例えば、「計算ドリル○ページから、問題を5問選んでやろう」「国語の教科書を、どこでも10ページ音読しよう」「鎌倉時代の文化について、何か1つだけ調べよう」など。
4. やる気がある子には複数選ばせる。

POINT
選択肢の中に「音読50ページ」「計算問題20題」など、無理そうなものを入れておくと楽しい。問題数などを各自に決めさせてもよい。

LEVEL 3
19 ちょっとだけ背伸びをしよう！
無理目標

対象学年 1年～6年　**ねらい** 頑張ればできそうな目標で意欲を高める
所要時間 30秒　**用意するもの** なし

やり方

❶ 常にちょっとの無理を意識させる声かけで、子どもに現状以上の努力を促し、成長を自覚させる。

❷ 声かけのレベルの上げ方は、例えば以下のとおり。
・教科書を音読しましょう＜教科書を張りのある声で音読しましょう
・計算問題を解きましょう＜計算問題を素早く解きましょう
・アサガオの花を観察しましょう＜アサガオの花を観察して、新しく気付いたことを書きましょう

POINT

ちょっとの無理を意識させるということは、いつでも何かしら具体的な課題を意識させるということでもある。

LEVEL 3
20 VS自分
一人ひとりのペースで確実にアップ！

対象学年 3年～6年　**ねらい** 前回の自分の記録に挑戦させる
所要時間 1分　**用意するもの** 前回の記録

やり方

❶ 前回の自分の記録とは、例えば、以下のとおり。

- ・テストの点数
- ・板書を写す時間
- ・自分の考えを書く速さ
- ・文字の美しさ
- ・挙手発言の回数
- ・解いた問題の数
- ・体育の記録
- ・忘れ物の数

❷ 記録はなるべく残すようにする。先生が声をかけて、ノートの端などに書かせるようにする。

POINT

テストの点数は最も比較しやすいが、点数にこだわりすぎないように留意する。他の子との比較も控える。

3章　子どもがドンドン前向きになる！　がんばるスイッチ

4章

子どもがピタッと静かになる！
落ち着くスイッチ

LEVEL 1
① サッと静かになる習慣！
チャイムベル

(対象学年) 1年〜6年　(ねらい) 一瞬で静かにさせる
(所要時間) 5秒　(用意するもの) ベル

やり方

❶ 受付カウンターなどによく置いてある「卓上ベル」を用意する。

❷ 何も言わずに、1度「チン」と鳴らす。

❸ 子どもがこちらを見るので、「これが鳴ったら、話をやめて先生の方を見ます。何かやっているときには、それをやめて先生の方を見ます」と説明する。

❹ 子どもに何か作業をさせたり、グループで話し合わせたりしているときにベルを鳴らして、何度か練習をする。

POINT

卓上ベルが音もよく、使いやすいが、同じような音が出れば何でもよい。ためらわずに押すようにする。

LEVEL 1 ② お口チャックの魔法の合図!
「お話をします」

(対象学年) 1年～6年　(ねらい) 合言葉で静かになる習慣を付けさせる
(所要時間) 10秒　(用意するもの) なし

やり方

❶ 先生が「お話をします」と言ったら、「はい」と返事をして話を聞く姿勢になるよう約束をする。
❷ 何度か練習する。
❸ 「はい」と返事をすることで、先生の「お話をします」の声を聞いていない子も気付く。
❹ 「はい」という返事のかわりに、「パン」と、1回拍手をするようにしてもよい。

POINT

1度や2度やってみただけではサッとできるようにはならない。何度も繰り返して身に付ける。

LEVEL 1　どんな子も思わず口を閉じる!

LEVEL 1 ③ 動きがピタッと止まる！ 黒板ネーム

対象学年 3年～6年　**ねらい** ドキッとさせて黙って注目させる
所要時間 20秒　**用意するもの** なし

やり方

① 黙って黒板に誰かの名前を書く。たまたま目に入った子でよい。
② 子どもが、何事かと思って注目する。
③ さらに名前を書く。子どもがさらに注目する。
④ 子どもが注目したところで、何事もなく黙って消す。または「ノートに書いたことを発表してください」などと指示したり、「新聞が上手にできていた人です」などとほめたりする。

POINT

文字の大きさを変えたり、色を変えたり、名前を書く場所を変えたりして、子どもに「おや？」「何？」と思わせる。

LEVEL 1 - 4 目が落ち着けば口も落ち着く！ 目をつぶる

対象学年 1年〜6年　**ねらい** 心を落ち着かせて話をやめさせる
所要時間 30秒　**用意するもの** なし

LEVEL 1　どんな子も思わず口を閉じる！

やり方

1. 「目をつぶります」と指示する。
2. 目をつぶると、不思議と話さなくなる。
3. そのまま、10秒〜30秒待つ。
4. 「ゆっくり目を開けましょう」と指示する。
5. このとき、話し出す子がいたら、もう1度「目をつぶります」と指示してやり直す。
6. 何度か繰り返す。

POINT

最初の指示を聞いていない子も、周りが静かになるので気付く。いつまでも目をつぶらない子には個別に指示をする。

LEVEL 1 ★5 一度やると効果が続く！
何秒で静かになるかゲーム

対象学年 1年～6年　**ねらい** 静かになるまでの時間を意識させ習慣化させる
所要時間 20秒　**用意するもの** タイマー

やり方

❶ 作業の終わりが近づいてきたタイミングで行う。
❷ 黒板のよく見えるところにタイマーを設置する。
❸ 「静かにしましょう」「作業をやめましょう」などと指示をし、同時にタイマーを作動させる。
❹ 全員が静かにこちらを向いた時点で、タイマーを停止させる。
❺ かかった時間を黒板の隅に書いておく。
❻ やがて、タイマーを設置しただけで静かにする子が現れる。

POINT

タイマーは大型のものの方が、子どもからよく見えるのでよい。
設定時間をどんどん短くしていくのもおもしろい。

LEVEL 1
6 姿勢がパッと整って落ち着く！
手を上・肩・ひざ

対象学年 1年～3年　**ねらい** 最後によい姿勢をつくらせることで静かにさせる
所要時間 15秒　**用意するもの** なし

LEVEL 1 どんな子も思わず口を閉じる！

やり方

❶ 子どもが、ややざわついていると感じたら、「鉛筆を置きましょう」と指示して鉛筆を置かせ、持っていないことを確認する。
❷ 「はい、手は上～」と言って万歳をする。
❸ 「はい、肩～」と言って指先を肩に置く。
❹ 次に、「はい、ひざ～」と言って手をひざに置く。
❺ この3つの流れを子どもに真似をさせる。最後まで真似すると、自然とよい姿勢がつくれる。

POINT

あわててやると、ぶつかったりして危ないので、ゆっくりやる。特に鉛筆を持っていないことを確かめる。

LEVEL 1 ⑦ 子どもから「シーッ」を引き出す！ スモールリスニング

対象学年 3年～6年　**ねらい** 小さい声で話して静かに聞かせる
所要時間 30秒　**用意するもの** なし

やり方

❶ 普通の音量で話す。
❷ やや小さい声で話す。
❸ さらに小さい声で話す。
❹ 子ども同士で、おしゃべりを注意し合うようになる。
❺ 子どものおしゃべりがなくなったのを確認して、普通の音量に戻して、もう1度話す。
❻ 口パクをして、笑わせる。(やらなくてもよい)

POINT

子どもの注意を引くために、始めに口パクで何かを話しているふりをしてもよい。また、伝えることは普通の音量でちゃんと伝える。

LEVEL 1
8 先生がいなくても！読書・黙読

対象学年 4年～6年　**ねらい** 読書を習慣化し先生が遅れても静かに過ごさせる
所要時間 5分　**用意するもの** 読みたい本

LEVEL 1　どんな子も思わず口を閉じる！

やり方

① 学級文庫の本や図書室で借りた本、家から持ってきた本など、読みたい本を1冊準備させる。
② その本を机の中に入れるか、図書袋に入れて机のサイドに掛ける。
③ 「何かの用事で、先生が授業に遅れたりして教室にいないときには、その本を読んでいます」とあらかじめ指示しておく。
④ 指示をした次の時間に、わざと少し遅れて行き、読書をしているかチェックする。できていたら大いにほめる。

POINT

先生が遅れたとき以外にも、時間があればいつでも本を読んでいいことにしておくと、子どもの読書量が増える。

LEVEL 1
9 ★ 自分の状況に気付かせる！
先生カウント

対象学年 3年～6年　**ねらい** とにかくカウントダウンをして、気付かせる
所要時間 10秒　**用意するもの** なし

やり方

1. 指示を出す。
2. 指示を聞いていない子、聞いていても取り組まない子がいても、繰り返したり注意したりしない。
3. カウントダウンを始める。
4. 指示を聞いていない子に周りの子が教えたり、指示を聞いていない子が気付いたりする。
5. 全員気付いてもゼロまでカウントする。

POINT

気付きが遅いようなら、カウントダウンのペースを遅くする。時々高速カウントダウンなどを交えると、子どもも集中する。

LEVEL 1
10 ルール化すれば一瞬でピタリ！
やめる合図

対象学年 1年〜6年　**ねらい** 静かになるまでの時間をゲームにして楽しむ
所要時間 20秒　**用意するもの** なし

LEVEL 1　どんな子も思わず口を閉じる！

やり方

❶ グループでの話し合いや、自由に出歩いての話し合いの際に、先生が手を挙げる。
❷ 先生が手を挙げたのが分かった子は、話をやめて自分も手を挙げ、席に着いたり前を向いたりする。
❸ 全員が話をやめたら、先生が合図をして手を下ろさせる。
❹ 慣れてきたら、先生が手を挙げてから下ろす合図をするまでの時間を計ってみる。

POINT

先生が「静かに」「終わり」「話をやめましょう」などと声をかけなくても静かになる。やっている方も楽しい。

LEVEL 2 ⑪ ためになってしっとり落ち着く！ 3分間鑑賞

対象学年 4年～6年　**ねらい** 落ち着く絵や写真を見せてリラックス
所要時間 3分　**用意するもの** 大きめの絵や写真

やり方

❶ 「絵や写真を静かに見て、今日のお気に入りを1枚選びましょう」と指示して、絵や写真を見せる。
❷ グループに1枚ずつ配り、30秒くらい眺めさせてから、隣のグループに送るようにする。
❸ 大画面のデジタルテレビに30秒ずつ映してもよい。
❹ 数枚見せてから、お気に入りの1枚を決めさせ、挙手させる。
❺ 子どもや先生の感想を発表させてもよい。

POINT

絵や写真は毎回新しくする必要はない。その日の気分でお気に入りが変わるのも楽しい。小さくてもＡ4判程度の大きさはほしい。

LEVEL 2
12 楽しく仲良くリラックス！手遊びうた

|対象学年| 1年～4年 　|ねらい| 手遊びうたで楽しくリラックス
|所要時間| 30秒～1分　|用意するもの| なし

♪「ロンドン橋 落ちた」のメロディーで

やり方

❶ 「頭、肩、ひざ、ポンをしましょう」などと声をかける。
❷ 「頭、肩、ひざ、ポン」を一緒に行う。
❸ もう一回行う。
❹ 「目、耳、鼻」と終わるところを、「頭、肩、ひざ」として、最後を静かに終わる。
❺ 手遊びうたを何種類か練習しておく。最後が静かに、姿勢を正して終われるようにアレンジしておく。

POINT

なるべく短時間で終わるものがよい。また、子どもが元気になりすぎるものは控える。

LEVEL 2　子どもがリラックスして静かになる！

LEVEL 2
13 頭も心もスッキリする！
おやすみタイム

対象学年 1年～6年　**ねらい** 授業を一瞬忘れて頭を切り替える
所要時間 1分　**用意するもの** なし

やり方

1. ざわついているときや、学習内容を切り替えるとき、気分転換をして別の活動を始めたいときに行う。
2. 「おやすみタイム」などと声をかける。
3. 子どもは机の上に腕を置き、その腕に顔や頭を乗せて伏せる。ちょっとした昼寝の姿勢になる。
4. 1分間を計る。
5. 1分経ったら合図をして、姿勢をよくする。

POINT

1分経ってやめるときに、おしゃべりをしないように注意する。まれに本当に寝入ってしまう子がいるので、やさしく起こす。

LEVEL 2
14 自然と神妙な気持ちになる！
黙立集中

対象学年 3年～6年　**ねらい** ずっと黙っていることで、あれっと思わせて静かにさせる
所要時間 10秒～30秒　**用意するもの** なし

やり方

❶ 静かにさせたい場面、あるいは注目させたい場面で、しばらくの間黙っている。
❷ 体も動かさず、直立不動で待つ。
❸ 子どもがおしゃべりしていたり、よそ見をしていたりしても注意せず、黙って立っている。
❹ やがて子どもが静かになり注目するようになる。
❺ 必要なことを話す。

POINT

この方法は、先生ならば必ずやったことがあるはず。先生に目力があると、さらに効果的。

LEVEL 2 15 たった3秒でシンとする！呼吸を数えて1・2・3

対象学年 4年〜6年　**ねらい** 呼吸を整えることで心も体も落ち着かせる
所要時間 1分程度　**用意するもの** なし

やり方

❶ 「息をそろえましょう」などと声をかける。
❷ 姿勢を正しくして目を閉じさせる。
❸ 「1・2・3・4」と、だいたい1秒ごとに数字を読み上げる。その間、息を吸わせる。
❹ 「5・6・7・8」と数字を読み上げ、その間、息を吐かせる。
❺ これを約1分間、繰り返す。
❻ 深呼吸にならないよう、息は少しずつ吸わせる。

POINT

なるべく鼻で呼吸をさせる。最初は深呼吸になってしまう子がいるので、そうならないように何度か練習をする。

LEVEL 3
16 なんとなく気持ちが締まる！
ぱんぱかぱんぱん！

（対象学年）1年〜6年　（ねらい）手拍子で注目させ、ピタッと決めて整える
（所要時間）10秒　（用意するもの）なし

やり方

1. 先生が手拍子する。　　　♩ ♫ ♩ ♩
2. 子どもが応える。　　　　♩ ♩ ♩
3. もう一度先生が手拍子する。♩ ♫ ♩ ♩
4. もう一度子どもが応える。 𝄽 ♩ ♩
5. 三度先生が手拍子する。　♩ ♫ ♩ ♩
6. 三度子どもが応える。　　𝄽 𝄽 ♩
7. 最後が揃ったら笑顔になる。

POINT

特に声をかけずにいきなり始めるのがおもしろい。最初はついてこられない子も、2回目3回目には合わせられる。

4章　子どもがピタッと静かになる！　落ち着くスイッチ

LEVEL 3
17 スッと興奮の波が引く！
読み聞かせ

対象学年 1年～6年　**ねらい** 読み聞かせに聞きひたらせて静かにさせる
所要時間 5分～10分　**用意するもの** 読み聞かせる本

やり方

① 本の読み聞かせをするだけだが、事前に、次のことを指導しておく。
　・黙って聞く
　・なるべくじっとして聞く
　・聞きたくなくても聞いているふりはする
② いつでも先生の好きなときに読み聞かせてよい。
③ 時間を決めておき、時間がきたら、他の活動の時間に差し障りのないよう途中でもやめる。

POINT

次のことを心がけるとよい。「登場人物によって声を変える（老若男女で）」「顔の向きと視線を意識する」「簡単な動作を入れる」

LEVEL 3
18 サッと心拍が落ち着く！即素読

対象学年 1年〜6年　**ねらい** 格調高い文章を読んで気持ちを整える
所要時間 3分〜5分　**用意するもの** 文章を印刷したプリント

やり方

1. 日直が「素読をします」と声をかける。
2. 子どもはプリントを準備する。
3. 日直がタイマーをセットし、冒頭の1文を音読する。
4. 続いて子どもが冒頭の1文を音読する。
5. そのまま続けて2文目以降を全員で読む。
6. 時間がきたらやめる。
7. 慣れるまでは先生の後について読ませる。

POINT

1年生から6年生まで、『大学』や『論語』などの格調高い文章を読ませると音読のリズムがよく、教養が身に付く。

LEVEL 3
19 自然と見入る・聞き入る！
いきなりテレビ

- **対象学年** 1年〜6年
- **ねらい** 子どもの姿を映して意欲を高める
- **所要時間** 1分〜2分
- **用意するもの** 写真や動画

やり方

❶ 日頃から、子どもの活動の様子を写真や動画に残しておく。

❷ 子どもの集中が切れてきたら、写真や動画をテレビに映す。

❸ 「写真を見て、気付いたことを2つ言いましょう」「映像を見て、どこが上手かを考えましょう」などと事前に聞いておく。

❹ 騒がしくなってしまうようなら、即座に画面を消す。静かにすることを約束させて再度映す。

❺ 繰り返し見せてもよい。

POINT

映る子たちには事前に了解を取っておく。動画を見せるのは、ポイントをしぼってなるべく短い時間で済ませる。

LEVEL 3
20 興奮が収まる3テンポ！
見ざる・言わざる・動かざる

（対象学年）1年〜4年　（ねらい）授業に集中する構えをきちんと教える
（所要時間）1分　（用意するもの）なし

こんなジェスチャーをしながら教える！

見ざる 　言わざる 　動かざる

やり方

❶ 「見ざる・言わざる・動かざる」と黒板に書く。

❷ 「見ざるというのは、よそ見をしないということです」
「言わざるというのは、無駄なことを言わないということです」
「動かざるというのは、手いたずらをしたり、隣の子をつついてみたりしないということです」

❸ 話を聞く構え、授業に取り組む構えをきちんと教えるために、折に触れて話して姿勢をとらせる。

POINT

1回や2回ではなく、定着するまで何度も話して聞かせ、実際にさせてみる。1年生から着実に指導すれば、効果絶大。

4章 子どもがピタッと静かになる！ 落ち着くスイッチ

5章

子どもが学ぶ
準備運動をする！

活動スイッチ

書く活動 1 聞いたことを書き取る準備運動！
しりとりメモ

対象学年 1年～6年　**ねらい** 聞いて書く・考えて書く準備をさせる
所要時間 3分　**用意するもの** なし

やり方

❶ 先生が「しりとりを1つ（2つ、3つ……）書きます」と指示してから、言葉を1つ言い、（例　だるま）子どもは言葉をノートに書く。

❷ 書いたら、その言葉から子どもがそれぞれ自由にしりとりをしてさらに言葉を続けて1つ（2つ、3つ……）と指定された数だけ書く。
（例　だるま　まつぼっくり）

❸ しりとりの数を増やしたり、最後の音が同じ言葉を書かせたりする。
（例　だるま　すきま　ひるま）

POINT

「5文字以上」のように文字数を条件にすると難易度が上がるので、高学年でも楽しく取り組むことができる。

書く活動 2

長い文章もサクサク書ける！
スピード計測

対象学年 3年～6年　**ねらい** 文章を書く速さを計り、書く意欲を高める
所要時間 5分　**用意するもの** 原稿用紙

やり方

① 400字詰め原稿用紙を1人に2枚ずつ配付する。
② 「今から今日の出来事を作文に書きます。時間は5分です。5分で何行書けるか挑戦です。2枚目に入れると最高です」と指示。
③ タイマーをセットしてスタートする。
④ また、400字を書くのに何分かかるかを計る活動も適宜行う。
⑤ いずれの場合も、1時間でどれくらいの量が書けるか、400字なら何分で書けるかを自覚させる。

POINT

なるべく子どもが書きやすいテーマで書かせる。速く書けることが分かると自信になる。

| 書く活動 3 | 言葉をたくさん出す練習！
詳し書き

|対象学年| 3年〜6年　|ねらい| よく見させて長く詳しく書く力を付ける
|所要時間| 10分〜15分　|用意するもの| 原稿用紙

やり方

❶ 例えば「今から先生がすることを見ていて、その様子を作文に書きます」と言っていったん廊下に出る。
❷ 「今からスタートです」と言い、戸を開けて教室に入る。ちょっと時計を見てから教卓の前で姿勢を正し「はい、ここまで」と区切る。
❸ その様子を3分程度で書かせる。
❹ 詳しく書けている子の作文を披露して真似させる。
❺ 2、3回繰り返して、なるべく詳しく書くようにさせる。

POINT

上手な子の書き方を紹介し、目の付け所や具体的な書き方などを教えると、どんどん書けるようになる。

書く活動 4

文章を組み立てる練習！
長文書き

- **対象学年** 4年〜6年
- **ねらい** 目次を立てて長い文章を書く力を付ける
- **所要時間** 30分〜45分
- **用意するもの** 目次例

やり方

1. 他の物語の目次部分を見せて、目次のイメージをつかませる。
2. 「運動会の1日」などの目次例を示す。
3. 子どもに「○○の1日」を考えて、目次を立てさせる。項目数は10〜15程度とする。
4. 最初の項目を、詳しく書く練習でやったように、細かく具体的に書かせてみる。
5. この作業の積み重ねで長い文章が書けることを自覚させる。

POINT

実際に長い文章を書くにはかなり時間がかかるので、大作を書かせたいときに行うとよい。

書く活動 5 　読み手を考える練習！
おもしろ書き

対象学年 4年～6年　**ねらい** 読み手を楽しませる文章を考えることで意欲を高める
所要時間 30分　**用意するもの** 原稿用紙

やり方

❶ 笑える文章の例を示す。
　（1）駄洒落を連発する。（2）大げさに書く。
　（3）緊張させてゆるめる。（4）ありえないことを書く。
　（5）自分が体験したおもしろいことを書く。
❷ 各自考えて書く。
❸ 作品が書けたら、グループで読み合って最もおもしろいものを選び、紹介したり掲示したりするとよい。

POINT

高度な作文技術なので、書けない子も多い。書けた子の作文を、次々に読んで聞かせて、例文を多くするとよい。

読む活動 1 ゲーム感覚で読む姿勢をつくる！間違い文探し

対象学年 1年〜6年　**ねらい** 注意深く読む姿勢をつくる
所要時間 5〜10分　**用意するもの** 例文

文章への集中力がメキメキ上がる！

やり方

❶ 次のような文章を、先生が準備しておく。
　（1）事実に反することが所々に書かれている日記や行事作文。
　（2）内容を一部書き換えてある昔話。
❷ プリントを配付する。
❸「この中に、間違いが10個隠れています。間違いを探して○で囲んでみましょう」
❹ 答え合わせをする。

POINT

プリントを配付せず、先生が読み上げて、間違いが分かったら黙って挙手させると、聞く練習にもなる。

5章　子どもが学ぶ準備運動をする！　活動スイッチ

読む活動 2

考えながら読む練習！
書かれていないものクイズ

対象学年 1年〜6年　**ねらい** 行間を読む力を付ける
所要時間 10分　**用意するもの** 例文

やり方

❶ 「風船が上って行きました。」と板書する。
❷ イラストのように、建物と風船を描く。
❸ 「見ている人はA、B、Cのどこにいますか？」
❹ 子どもにA、B、Cのどれかを選択させ、理由も書かせる。
❺ どこから見ていると考えるのが適当か話し合う。
❻ 書いてあることをもとに、書かれていないことを読み取ることができること、それが大事だということを教える。

POINT

「風船が上ってきました。」「車が走って行きました。」「車が走って行ってしまいました。」などについても考えてみる。

読む活動 3　言葉がドンドン出てくる！キーワードビンゴ

対象学年 3年～6年　**ねらい** ビンゴゲームでキーワードに着目させる
所要時間 10分　**用意するもの** ビンゴゲーム用のカード（手作りでよい）

文章への集中力がメキメキ上がる！

やり方

❶ 「教科書のキーワードでビンゴゲームをしましょう」
❷ 「教科書を読んで、キーワード（大事な言葉）をノートに書き出します。10個書き出してください」
❸ 「10個のキーワードの中から9個を選んで、1マスに1つずつキーワードを書きます」
❹ 座席の順に、言葉を1つずつ言う。
❺ ビンゴゲームを楽しむ。

POINT

始めに全員でキーワードを出し合い、共通のキーワードを15個前後出してから始めてもよい。

読む活動 4 文章を補って読み進める！
穴埋めクイズ

- **対象学年** 3年～6年
- **ねらい** 穴埋めをしながら読んで記憶を定着させる
- **所要時間** 5分～10分
- **用意するもの** 穴埋めプリント

やり方

1. 重要語句を消して○○にした文章を用意する。
2. 印刷して配付する。
3. ○○部分を補いながら各自音読する。
4. 一斉に音読する。
5. 1人1文ずつ音読したり、グループで音読したりする。
6. 十分に慣れてきたら○○に文字を書き入れる。
7. もう一度一斉音読をする。

POINT

早いうちに○○に文字を書いてしまうと効果が薄いので、書かないで何度も読むようにする。メモをしないよう注意する。

読む活動 5 書く・話す・聞くとも連動できる！
相互読みクイズ

対象学年　3年〜6年　　ねらい　文章からクイズを出し合い、考えさせる
所要時間　10分　　用意するもの　教科書

文章への集中力がメキメキ上がる！

やり方

1. 教科書の適当な箇所で、1文から数文を範囲として決める。
2. その範囲内で子どもたち各自が、クイズをいくつかつくる。
3. 2人組か3人組をつくり、1人1問ずつクイズを出し合う。
4. 答えが分かれたり、答えに疑問を持ったりした場合は、話し合って適切な答えを考える。
5. 全員のクイズがなくなったら終了。
6. クイズとしてよかったものを発表させる。

POINT

クイズをつくる段階で、自分の解答とその理由も考えさせる。話し合っても結論が出ない場合は先生に聞く。

話す活動 1 滑舌が良くなると口が開く！ お口の体操

対象学年 1年〜6年　**ねらい** 口の形を意識させてはっきりした声を出させる
所要時間 3分　**用意するもの** 「あいうえおのうた」など

やり方

❶ 1年生の国語の教科書に掲載されている、「あいうえおのうた」や「あいうえおであそぼう」などの文章を、拡大して黒板に掲示する。
❷ 子どもは立って姿勢を正す。
❸ 先生は、指示棒で音読部分を指す。
❹ 先生の指示棒に合わせて、子どもが音読する。
❺ 早口で読ませず、1音節ずつはっきりゆっくり読ませる。先生がはっきりゆっくり読む手本を示して、子どもに追い読みをさせる。

POINT

高学年の子どもにも同じ文章で行う。高学年になるとますます声を出さなくなるので、発声の練習にもなる。

話す活動 2　まずは声の大きさが大事！
発声練習

対象学年 3年〜6年　**ねらい** 大きな声を出せるようにする
所要時間 1分　**用意するもの** なし

やり方

❶ 背筋を伸ばして姿勢よく立つ。
❷ 前を見たまま「あー」と声を出す。
❸ イメージの中で、声が頭のてっぺんを突き抜けて天井に届くようになるまで、声を大きくする。
❹ 手を斜め上に上げながら（手のひら上向き）、斜め上の天井に声を届ける。
❺ 同様にしてもっと遠くの天井まで声を届ける。

POINT

全員でいい声が出るようになると、隣の教室には相当うるさくなるので、短時間で行うか、体育館などで行うようにする。

話す活動 3
やる気も出て楽しくなる！
声届けゲーム

対象学年 3年〜6年　**ねらい** 声の大きさを知り、大きな声が出せるようにする
所要時間 10分　**用意するもの** なし

やり方

1. 体育館に移動する。
2. 1つの班がステージで待機する。
3. その他の班は、ステージから最も遠いところで横一列で待つ。
4. ステージ上で、1人ずつ「おはようございます」などと、大きな声を出す。
5. 待っている子は、十分聞こえたら腕で○を出す。
6. 2回までチャレンジできる。全○を目指す。

POINT

無理しすぎないように注意する。また、地声の小さい子はいるので、精一杯頑張ればよいことも伝える。慣れたら校庭でも行ってみる。

話す活動 4 聞き合い・話し合いで授業に入り込む！群読2人読み

対象学年 1年〜6年　**ねらい** 2人の群読を行い、聞く・話す準備をする
所要時間 1分〜2分　**用意するもの** 群読の脚本

やり方

❶ 次のような群読をいくつか用意する。

　A：あんたがたどこさ　　　　　B：肥後さ
　A：肥後どこさ　　　　　　　　B：熊本さ
　A：熊本どこさ　　　　　　　　B：船場さ
　AB：船場山には狸がおってさ
　AB：それを猟師が鉄砲で撃ってさ
　A：煮てさ　　B：焼いてさ　　AB：食ってさ
　AB：それを木の葉でちょいとかぶせ

❷ これらを、ABを入れ替えたり、会話をするように読んだり、スピードを上げて読んだりして、聞く・話す意識を高める。

5章　子どもが学ぶ準備運動をする！　活動スイッチ

話す活動 5 授業に一体感が出る！群読グループ読み

対象学年 1年〜6年　**ねらい** 声を合わせて読むことで一体感を味わわせる
所要時間 10分〜15分　**用意するもの** 群読の脚本

やり方

1. 群読の脚本を配付する。
2. 先生が一度範読をする。
3. 先生の後について、一度音読する。
4. グループ内で役割を決める。
5. 全体で役割通りに読む練習をする。
6. グループでそれぞれ読む練習をする。
7. いくつかのグループが発表する。

POINT

ある程度読めるようになるまでは練習の時間が必要だが、読めるようになれば、グループ読み→グループ発表と数分で行える。

聞く活動 1 予告なく始めると効果大！「何て言った？」クイズ

対象学年 1年〜6年　**ねらい** 注意して聞こうとする意識を高める
所要時間 5分〜10分　**用意するもの** 先生の体験談など

やり方

❶ 突然、先生の体験談を話す。
　「これは、先生が大学生の夏休みに、自転車で県内一周に挑戦したときの話です……」
❷ 話し終わってから話の内容についてのクイズを出す。
　「いつの頃の話ですか？」
　「自転車で何をしましたか？」など。
❸ グループ対抗で得点制にすると盛り上がる。

POINT

あまり有名ではない昔話や、有名な昔話をちょっと変更して話すのもおもしろい。

5章　子どもが学ぶ準備運動をする！　活動スイッチ

聞く活動 2 　楽しく真剣に耳が集中！
同時話

対象学年 1年〜6年　**ねらい** 注意して聞く意識を高める
所要時間 5分〜10分　**用意するもの** なし

やり方

❶ 子ども2人を前に出し、同時に別々の言葉を叫ばせる。
例えば、「さんま」と「サンバ」、「りんご」と「バナナ」など。
❷ 次に、子ども3人を前に出し、同時に別々の言葉を叫ばせる。
例えば、「ミルク」「クルミ」「シルク」など。
❸ 各班で何と言ったか考える時間をとってから答えを紙に書いて発表する。
❹ 班対抗で得点を競う。

POINT
言葉が長くなればなるほど難しくなるが、各班で聞き取りの作戦を考えさせるようにすると、なおおもしろい。

聞く活動 3 耳で覚える練習！聞き書き取り

対象学年 1年～6年　**ねらい** 耳で聞いて覚えるように真剣に聞かせる
所要時間 5分～10分　**用意するもの** なし

やり方

1. 先生がしりとりの言葉を3つ言う。例えば「りんご－ごま－まつぼっくり」など。子どもはじっと聞いている。
2. 3つ言ってから、ノートに3つの言葉を書かせる。
3. しりとりをもう一度言い、答え合わせをする。
4. しりとりの言葉の数を4つ、5つ、6つと増やしていく。覚えていない言葉があったら、そこは抜かして書く。
5. 誰が1番多く正解したかを聞いて、ほめ称える。

POINT

しりとりなので、始めの言葉がヒントになって比較的覚えられる。できるようになったら、しりとりではない言葉でも行ってみる。

聞く活動 4 　脳みそが動く！逆さ書き取り

対象学年 1年～6年　**ねらい** 頭を使いながら聞き取らせて聞く姿勢を整える
所要時間 5分　**用意するもの** なし

やり方

❶ 先生が言葉を言って、子どもはそれを聞いてノートに書く。
❷ ただし、ノートに書く際には、言葉を逆さまにして書く。例えば、「りんご」と先生が言えば、子どもはノートに「ごんり」と書く。このとき、「りんご」とメモはしないことを約束する。
❸ はじめは2文字の言葉を5つ程度言って、練習をする。
❹ 答えを板書して、答え合わせをする。
❺ 3文字の言葉、4文字の言葉と増やしていく。

POINT

5文字以上になるとかなり難しいので、3文字、4文字の言葉を中心に行うとよい。十分に時間をとってから次の言葉を言う。

聞く活動 5 　仲良く授業が始まる！
なかとり

対象学年 1年〜6年　**ねらい** 友達の言葉を注意して聞く態度を育てる
所要時間 5分〜10分　**用意するもの** なし

やり方

❶ しりとりではなく「なかとり」をすることを伝える。

❷ ルールは、「さくら」の次の言葉は「さ」で始まる言葉ではなく、「さくら」の真ん中の「く」で始まる言葉になる。「くつばこ」のように4文字の場合は、中の「つ」か「ば」から始める。「クリスマス」のように5文字の場合は、真ん中の「す」から始まる。真ん中に「ん」がつく言葉はNG。最後に「ん」がついてもOK。

❸ 4〜5人のグループで行う。

POINT

言葉を聞くときに、真ん中の文字は意外に記憶に残らないので、注意して聞くよう意識させる。

6章

雰囲気がパッと切り替わる！
授業途中スイッチ

LEVEL 1
⓵ ずっと使える定番グッズ！
フラッシュカード１

対象学年 1年〜6年　**ねらい** 元気に声を出して気分を変える
所要時間 5分　**用意するもの** フラッシュカード

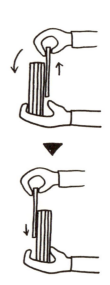

やり方

❶ 厚口の八つ切り画用紙を３等分してフラッシュカードを作る。カードの題材には例えば、漢字や理科・社会科のキーワードがある。
❷ 開いた左手の上にフラッシュカードをまとめて立てる。
❸ カードは後ろから親指で支える。
❹ 最も後ろのカードを右手でつまんで上に上げる。
❺ 上げたカードを１番前に落とす。落とすタイミングで子どもにカードを読ませる。これを最後のカードまで続ける。

POINT

何度か練習して、スムーズにカードを繰れるようにする。同じリズム、同じタイミングで読めるようにするとよい。

LEVEL 1-2 特にテキパキさせたいときに！ フラッシュカード2

対象学年　1年〜6年　　ねらい　スピードを上げて読むことでさらに集中させる
所要時間　5分　　用意するもの　フラッシュカード

やり方

❶ フラッシュカードを1度読んでから「少しスピードを上げようと思うんだけど、どう？」と聞く。
❷ 1回目よりも1.5倍速くらいの感覚で、カードを繰る。
❸ 「読めた？　もう少し速くても大丈夫？」と、子どもを少しあおって挑戦意欲を高める。
❹ 1回目の2倍くらいの速さでカードを繰る。
❺ さらに速くしたり、1人で読むことに挑戦させたりする。

POINT

カードを素早く繰るには練習が必要。カードを繰る方の親指に滑り止めの指サックを装着しておくとやりやすい。

LEVEL 1 ③ 興味や集中を引きたいとき！
フラッシュカード３

対象学年 １年〜６年　**ねらい** ちょっとずつ見せて興味関心アップ
所要時間 ５分　**用意するもの** フラッシュカード

やり方

❶ フラッシュカードを普通に１度読む。
❷ 「これから『日の出読み』をします。日の出読みというのは、先生がカードを少しずつ見せますので、分かったところで読むという読み方です」と説明する。
❸ 日の出読みを行う。
❹ 次に、「逆さ日の出読み」をする。これは、カードを上下逆さまにして「日の出読み」をするもの。

POINT

少しずつカードを見せていくと子どもが分かった時点で読むので、そのカードを前に落とす際に、もう一度全員で声を揃えて読む。

LEVEL 1-4 : 目を動かして頭の体操！ フラッシュカード4

対象学年 3年～6年　**ねらい** 眼球を動かし気分が切り替わる
所要時間 5分　**用意するもの** フラッシュカード

LEVEL 1 どんな気分もスッキリする！

やり方

1. フラッシュカードを普通に1度読む。
2. 子どもを1人、前に出し、先生と2人でカードを順番に繰る。
3. 先生と子どもとの間を1m、2m、3mと徐々に開けていき、左右を交互に見ながら読むようにする。
4. やり方に慣れてきたら、顔を大きく左右に動かすのではなく、目玉だけを左右に動かして読むようにする。
5. 前に出る子は、適宜交代する。

POINT

フラッシュカードを上下の位置で順番に出し、目玉を上下させて読ませることもできる。

LEVEL 1 ★5 アイデア次第でいくらでも！フラッシュカード5

対象学年 5、6年　**ねらい** ゲーム気分で頭の体操をする
所要時間 5分　**用意するもの** フラッシュカード

やり方

❶ 通常の読み方でフラッシュカードを1度行う。
❷ 「これから『バックフラッシュ』をやってみましょう」
❸ バックフラッシュは、上に上げられたカードを読むのではなく、その1枚前のカードを読む。つまり、見ているカードと読むべきカードが異なることになる。
❹ 最初は説明をしながら、ゆっくりと行う。
❺ 慣れたら2枚前のカードを読んだりする。

POINT

見ているカードと読むカードが異なるので、あくまでもゲームとして行う。また、最後に通常の読み方で読んで終わる。

LEVEL 1 ⑥ 教室をまたいで気分の入れ替え！
隣の先生チェンジ

対象学年 3年〜6年　**ねらい** 気分も雰囲気もガラッと変える
所要時間 10分　**用意するもの** なし

LEVEL 1　どんな気分もスッキリする！

やり方

❶ 朝の会で教室に入る際に、隣の先生とクラスを交換する。
❷ 何食わぬ顔で「おはようございます」と言いながら、隣の教室に入っていく。
❸ 子どもが、「先生、クラスが違います」と言っても、取り合わずに朝の会を続ける。
❹ そのまま何食わぬ顔で連絡まですませる。
❺ 場合によっては1時間目の授業までそのまま行う。

POINT

学級担任が入れ替わることは、小学校ではほぼないので、子どもは意外に思い、新鮮な気分で1日が始まる。

LEVEL 1 ☆7 頭がスッキリする！ 穴あきしりとり

対象学年 1年〜6年　**ねらい** 楽しいパズルで遊ぶように気分転換
所要時間 10分　**用意するもの** 脳トレパズル

やり方

❶ 黒板に次のように書く。「すいか　□□□　らっぱ　□□□　だるま」
❷ □□□に入る文字を考えさせる。
❸ 答え合わせをする。
❹「このような穴あきしりとりの問題をつくってみよう」と投げかけてどんどん問題をつくらせる。
❺ できた子は黒板に書く。
❻ 時間がきたら全員で問題を解いてみる。

POINT

田＋木＝（果）、米＋大＋頁＝（類）、亡＋月＋王＝（望）、山＋大＋可＝（崎）などの漢字足し算も楽しい。

LEVEL 1 - 8 空気の入れ換えは笑い声で！見つめ合いあっぷっぷ

対象学年 3年～6年　**ねらい** 見て、笑って、気分をスッキリさせる
所要時間 2分　**用意するもの** なし

やり方

❶ 「隣の人の目を見てみましょう」と言う。
　これでだいたいの子どもたちは笑顔になる。
❷ 「隣の人の鼻を見てみましょう」と言う。
　これで最初に笑わなかった子もほとんど笑顔になる。
❸ 「隣の人の鼻の穴を見てみましょう」と言う。
　ここまでくると、ほとんどの子が爆笑している。
❹ 「はい、前を向きましょう」と言って、次の活動に移る。

POINT

やや品のない言葉だが、「鼻毛」も子どもたちには大ウケする。品がないので、自分のイメージに合わない先生はやらない方がよい。

LEVEL 1
おもしろい話はみんな大好き！
笑い話・怪談

対象学年 3年～6年　**ねらい** 笑い話や怪談を聞かせて聞く態勢をつくる
所要時間 5分～10分　**用意するもの** 話のネタ

やり方

❶ 「おもしろい話とこわい話、どっちが聞きたい？」と聞く。希望が多い方の話を始めるが、ほとんどの場合はおもしろい話になる。

❷ 話を聞いて子どもが笑う。オチが分からずにキョトンとしている子もいるが、説明はしない。

❸ 「誰かおもしろい話を知っている人？」と聞いて、子どもたちに話をさせる。

❹ 先生がもう1つ話をする。

POINT

近年はこわい話が苦手な子が多いので、本当にこわい話はせず、ユーモラスで不思議な話をするよう心がける。

LEVEL 1
10 子どもがつられて笑い出す！
ピエロ先生

対象学年 1年〜6年　**ねらい** 先生がおもしろい動作で笑わせ、気分を変える
所要時間 15秒　**用意するもの** ネタ

LEVEL 1　どんな気分もスッキリする！

やり方

❶ 先生がおもしろい動作をして笑わせる。例えば、
- 考え事をしながら歩き、黒板にぶつかる。
- チョークの代わりにボールペンなどで書き始める。
- 大きくずっこけて見せる。
- 大げさに驚いた顔をする（目と口を大きく開いてのけぞる）。
- 突然パントマイムを始める。

❷ 子どもが笑ったら、先生も一緒に笑う。

POINT

テレビやYouTubeなどで、芸人さんのコントの動きやボケをよく見て研究し、いくつかネタとして持っておく。

LEVEL 2　11　体が動くと心も動く！
指の体操

対象学年　1年～6年　　ねらい　指を動かして脳を活性化させる
所要時間　5分　　用意するもの　なし

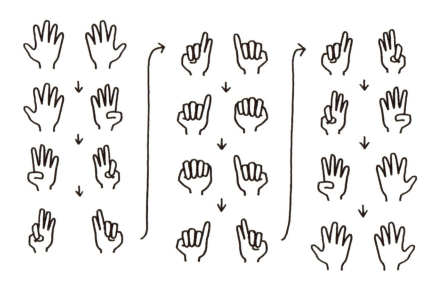

やり方

❶ 「指の体操をしましょう。先生と同じように動かします」。

❷ グーとパーを交互に5回繰り返す。

❸ 指のストレッチ。左右の指を1本ずつ、反対の手でつまんで、手の甲側に開いていく。無理な力を入れないよう注意。

❹ 両手をパーにして、手のひらが上を向くように体の前に出す。

❺ 右手の親指から順に1本ずつ折り、全部折ったら小指から開く。左手は1本ずらして同様の動きをする。

POINT

あわてて行ったり、無理に行ったりすると、指をケガすることもあるので、十分に注意する。

LEVEL 2
12 指先に集中すると疲れもほぐれる！
指あそび

対象学年 1年〜6年　**ねらい** 指を動かして脳を活性化させる
所要時間 5分　**用意するもの** なし

やり方

❶「1人じゃんけんをします。まず、右手が勝ちます」と言って、1人じゃんけんをして見せる。グー、チョキ、パーの順番で。
❷ 子どもたちに何度か1人じゃんけんをさせる。
❸「次は左手が勝ちます」
❹「指回しをします」と言って、指回しを見せる。
❺ 子どもたちにもチャレンジさせる。

POINT

1人じゃんけんだけでもよい。指回しは低学年では難しい。高学年でもゆっくり確実にやるとよい。

LEVEL 2
13 些細な変化で切り替わる！
縦を横に、横を縦に

対象学年 3年～6年　**ねらい** 黒板に書く文字を変えて子どもの関心を高める
所要時間 45分　**用意するもの** なし

やり方

1. 無言で板書をする。
2. 国語科の授業では、通常縦書きで板書をするが、何食わぬ顔をして横書きで板書をする。
3. 社会科や理科や算数科の授業では、通常横書きで板書をするが、何食わぬ顔をして縦書きで板書をする。
4. 子どもが板書を見ていろいろと指摘をしてくるが、ノートを90度回転させて使うように指示し、授業を続ける。

POINT

1、2年生ではノート指導を確実に行う必要があるため、このような実践は行わない。中学年でも留意して行う。

LEVEL 2
14 クラスの誰もが大注目！ 子ども先生

(対象学年) 4年〜6年　(ねらい) 子どもが先生役をする目新しさで関心を高める
(所要時間) 5分　(用意するもの) なし

やり方

❶ 「今日は子ども先生になってもらいます。子ども先生になりたい人は手を挙げてください」
❷ 選ばれた子には「子ども先生」と書いた札を首から掛けてもらう。
❸ 子ども先生は、担任の先生の真似をして5分程度授業を進める。
❹ 子どもは、子ども先生だからといって侮ってはならず、担任の先生だと思って行動する。
❺ 先生も子どもになって活動する。

POINT

優秀な子は、担任の先生を真似て授業をするので、意外なところで自分の授業を見直す契機となることがある。

LEVEL 2
15 気持ちが切り替わる！脳トレパズル

対象学年 1年～6年　**ねらい** 頭を使うパズルを解いて集中力アップ
所要時間 10分　**用意するもの** ナンバープレースパズル

やり方

1. ナンバープレースパズルを簡単にした、4×4マスのパズルを用意する。（関連サイトから見つけたり、自作したりする）
2. パズルの解き方を教える。
3. 例題を1つ、黒板で説明しながら解く。
4. パズルのプリントを配り、各自がパズルを解く。
5. 答え合わせをする。
6. パズル作りにもチャレンジする。

POINT

簡略化したナンバープレースパズルなので、1年生でも考えることができる。解けたときの達成感がうれしい。

LEVEL 3
16 どの子もパッパと動き出す！準備・片付け選手権

対象学年 1年〜6年　**ねらい** 班対抗にして片付けを手早く終える
所要時間 5分　**用意するもの** なし

やり方

❶ 図工科や生活科、家庭科などで片付けが必要なとき、「第38回　片付け選手権。さあ、今日はどの班が優勝するでしょうか。用意、スタート」と景気よく宣言して、片付けを始める。

❷ 上記の回数は全く適当。でも、ちゃんと数えてあればなおよい。

❸ 走ったり、落としたり、誰かにぶつけたりすると減点となることを、最初に明確に伝える。

❹ 危険が予見される片付けの場合は行わない。

POINT

順位を決める場合と、何分以内は○点とする場合がある。また班全員が片付け終わるまでは手伝ってよいことにする。

LEVEL 3
17 どんなタイミングでも一区切り！
いっせーのーせで合言葉

対象学年　1年～6年　　ねらい　重要事項は合い言葉にして意識させる
所要時間　10秒　　用意するもの　なし

やり方
① 先生「今日も1日」
　子ども「いい顔、いい声、いい笑顔」
　先生「返事、挨拶」
　子ども「高く、大きく、遠くまで」
　先生「作文は」
　子ども「見ない、消さない、すぐに書く」
② 合い言葉で大事なことを意識させ、仕切り直しをする。

POINT
合い言葉は子どもと一緒に考えるのが最もよい。あまり多すぎると覚えにくいので注意する。

LEVEL 3
18　一瞬で気分が切り替わる！後ろ向き勉強

対象学年 3年〜6年　**ねらい** いつもと違う景色で気分を変える
所要時間 10分　**用意するもの** なし

やり方

❶ 「全員起立！　イスをきちんと入れなさい」
❷ 「机とイスをその場で回転させて、後ろ向きにしなさい」
❸ 「着席！　姿勢を正しなさい」
❹ 「では、授業を始めます」
❺ 先生は黒板の前で話す。子どもがぶつぶつ言い始めたら、「しょうがないなあ」と言って、教室の後ろに移動する。
❻ 授業を続ける。

POINT

背面の黒板が使えない場合は、板書の必要のない授業を心がけたり、後半は元の向きで授業を行ったりする。10分程度で元に戻す。

LEVEL 3
19 マンネリを感じたときに！
消灯学習

対象学年 3年～6年　**ねらい** 教室を暗くして落ち着いて学習する
所要時間 2分～3分　**用意するもの** なし

やり方

1. 机間巡視をしながらカーテンを閉めて回る。すべてのカーテンを閉める。暗幕があれば暗幕も閉める。
2. 電気を消す。
3. 子どもがざわつくが、気にせずに授業を進める。
4. 子どものノートが見づらくなるので、ノート作業はせず、静かに語り聞かせる内容の授業をする。
5. 電気をつけて、気分一新。

POINT

薄暗くなる程度なので問題はないことが多いが、暗いところが苦手な子がいないか十分に留意して行う。

LEVEL 3
20 おもしろおかしく気分スッキリ！
ワイワイ群読

対象学年 3年〜6年　**ねらい** 楽しい群読をして気分をスッキリさせる
所要時間 1分　**用意するもの** 群読脚本

やり方

❶ 気分を高めて授業に取り組むために、次の群読を授業の始めに行う。
❷ （列○）は列ごとに読み、（全員）は全員で読む。だんだんと声を盛り上げていくとなおよい。

（列1）○時間目は苦手な○○か。（全員）まいった　まいった
（列2）頭がいつもぼうっとなるよ。（全員）こまった　こまった
（列3）でも、できたときはうれしいな。（全員）うれしい　うれしい
（列4）そうするとやる気も出る（全員）いいぞ　いいぞ
（列5）本気を出せば、できそうだ（全員）そうだ　そうだ
（列6）力一杯がんばるぞ！（全員）お〜！

LEVEL 3 21 発言意欲を高めたいときに！ インタビュー発言

(対象学年) 1年～6年　(ねらい) 模擬マイクを差し出して発言しやすくする
(所要時間) 1分　(用意するもの) 模擬マイク

やり方

❶ 「突撃インタビュー！」などと叫びながら、教師用の机の引き出しなどから模擬マイクを取り出す。

❷ 「では、この問題の答えについて、インタビューをしてみましょう。こちらはご近所の○○さんです。○○さん、いかがですか？」

❸ 子どもが解答を言う。

❹ 「ありがとうございました。なお、番組へのご意見は手を挙げてお願いいたします」などと、発言を広げたりする。

POINT

先生が恥ずかしそうにすると子どもも恥ずかしくなるので、レポーターになりきって明るく元気に行う。

● 著者紹介

山中伸之（やまなか　のぶゆき）

1958年生まれ。宇都宮大学教育学部卒。栃木県内の小中学校に勤務。
研究分野：国語教育、素材研究法、道徳教育、学級経営、「語り」の教育等。
東京未来大学非常勤講師、実感道徳研究会会長、日本群読教育の会常任委員。
著書：『忙しい毎日が劇的に変わる　教師のすごいダンドリ術！』『できる教師の叱り方・ほめ方の極意』『カンタン＆盛り上がる！　運動会種目１０１』（以上、学陽書房）、『全時間の板書で見せる「私たちの道徳」小学校１・２年』（学事出版）、『「聴解力」を鍛える三段階指導―「聴く子」は必ず伸びる』（明治図書）等多数。

子どもが一気に集中する！
授業スイッチ101

2019年3月12日　初版発行

著　者　山中伸之
発行者　佐久間重嘉
発行所　学 陽 書 房

〒102-0072　東京都千代田区飯田橋1-9-3
営業部／電話03-3261-1111　FAX 03-5211-3300
編集部／電話03-3261-1112
http://www.gakuyo.co.jp/
振替　00170-4-84240

イラスト／坂木浩子
ブックデザイン／スタジオ ダンク
印刷・製本／三省堂印刷

©Nobuyuki Yamanaka 2019, Printed in Japan.　ISBN 978-4-313-65369-6 C0037
JASRAC 出 1900833-901
乱丁・落丁本は、送料小社負担にてお取り替えいたします。

JCOPY 〈出版者著作権管理機構　委託出版物〉
本書の無断複製は著作権法上での例外を除き禁じられています。複製される場合は、そのつど事前に出版者著作権管理機構（電話03-5244-5088、FAX03-5244-5089、e-mail: info@jcopy.or.jp）の許諾を得てください。

ちょっとしたレクにも使える！

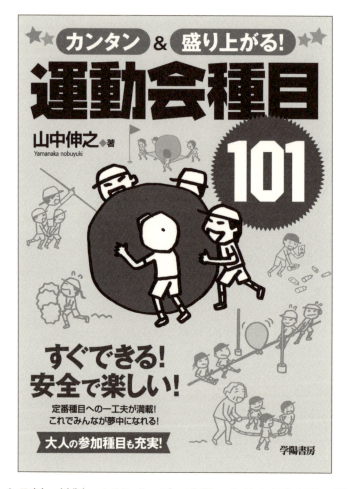

A5判・並製・180ページ　定価＝本体1,900円＋税

●たった一工夫でマンネリ気味な定番競技が一新。集団行動や集団演技の項目が充実し、安全面にも十分配慮した1冊。簡単にすぐできて、みんな楽しい運動会種目のアイデア集！

朝の会・帰りの会の話材としても最適！

Ａ５判・並製・144ページ　定価＝本体1,800円＋税

● 「特別の教科 道徳」の授業でそのまま活用できる「児童に聞かせたい日本の偉人伝」を精選！　子どもに「どう学ばせ、成長させていくか」を踏まえたポイントや発問案など、深い学びのヒントを多数収録。

一瞬で子どもを引き込む話し方！

教師人生を変える！
話し方の技術

森川正樹【著】

どんな場面でも一瞬で子どもを引き込む教師の話し方！

子どもの反応が激変！

学陽書房

四六判・並製・224ページ　定価＝本体1,700円＋税

●子どもの心をわしづかみにする話し方の基礎・基本、盛り上がり必至のテッパンワード、授業でクラス全員を一瞬で引き込む話し方……話し方に悩みを抱える教師がどんな場面でも使える確かな技術を学べる本！